AF586238

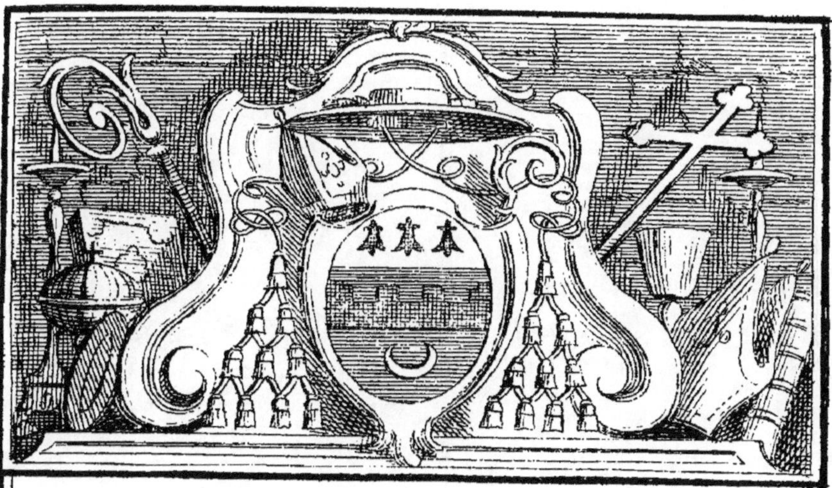

TABLEAU
HISTORIQUE
des Principaux traits
DE LA VIE
DU BIEN-HEUREUX
JEAN SOANEN
EVEQUE DE SENEZ

Né le 10 Janvier 1647.
Mort Réappellant a la Chaise-dieu le 25 Decembre 1740 et enterré le 28 dans la 94.eme Année de son âge et dans la 13.e de son exil.

Le Bien-heureux Jean demande les lumieres du Seigneur pour sa vocation.

ANTIENNE

JE viens ô mon DIEU pour faire vôtre volonté: me voicy: que voulés vous que je fasse? parlez Seigneur, vôtre serviteur écoute. Ps. 39. Act. 9. I. Rois 3.

PRIERE

DIVIN JESUS, qui étant la voye, la vérité et la vie, avés conduit dans vôtre vérité, et reçu dans vôtre gloire le Bien-heureux JEAN SOANEN: Daignez par son intercession nous faire connoitre comme à lui ce que nous devons faire; éclairez nos tenebres, conduisez nos pas, et affermissez vous même notre vocation en faisant en nous par vôtre grace tout ce qui vous est agréable.

Ainsi soit-il

La grace de Jesus Christ est necessaire pour toute bonne action. sans elle non seulement on ne fait rien, mais on ne peut rien. 2. prop. Jean. ch. 15. ver. 5.

Le B. H. entre dans la Congreg.^on de l'Oratoire.

JE cherche ceux qui aiment la verité dans la maison consacrée a la priere, afin de marcher avec eux dans la sainteté et la justice tous les jours de ma vie. Ps. 100 Isaye 56. S. Luc 1.

PRIERE

QU'il est avantageux, ô mon DIEU, et qu'il est doux que les freres vivent ensemble dans l'union du meme esprit de priere, de verité et d'amour! separez nous aussi des pêcheurs comme vous en avez separé le Bien heureux JEAN: donnés nous comme a luy la lumiere de la foy pour vous chercher dans la retraite; et parlés y a nôtre cœur si efficacement, qu'a son exemple nous marchions dans la sainteté et la justice tous les jours de nôtre vie. Ainsi soit il.

La grace est cette voix du pere qui enseigne interieurement les hommes, et les fait venir a Jesus Christ. 17. propo. Jean. 6. v. 45.

Le Bien-heureux est ordonné Prêtre.

JE me susciteray un prêtre fidelle, qui agira selon mon cœur et selon mon ame.
I. Rois. Ch. 2.

PRIERE

O JESUS Prêtre Eternel, qui avez imprimé le sacré et redoutable caractere de vôtre sacerdoce en votre Bien-heureux JEAN. inspirez nous cōme à luy un religieux respect pour ceux qui en sont revetus, remplissez nous d'une sainte frayeur a la vüe des obligations d'un état si eminent, et donnez nous la consolation de n'y voir elevez que des ministres vertueux et fidelles, afin que édiffiés par leurs exemples, et sanctifiés par leur ministére nous marchions avec amour dans la pratique de vos commandemens. Ainsi soit-il.

Il n'y a que la grace de Jesus Christ qui rende l'homme propre au sacrifice de la foi, sans cela rien qu'impureté, rien qu'indignité. prop. 42. Act. 11. v. 9.

Le Bien-heureux prêchant devant le Roy.

JE parleray de vôtre Loy devant les Roys, et je n'en rougiray point. Ps. 118.

PRIERE

SEIGNEUR, qui avez mis dans la bouche de vôtre serviteur des paroles de grace et de vérité qui brilloient comme un flambeau ardent; faites encore entendre cette même voix toute puissante et pleine de magnificence sur les eaux de ce monde corrompu, afin que brisant la dureté de son cœur par la pénitence, et éclairant son esprit par la lumiere de vôtre vérité, il se convertisse de tout son cœur à vous qui vivez et regnez dans tous les Siécles des siécles.

Ainsi soit-il.

La semence de la parole, que la main de Dieu arrose porte toujours son fruit. prop. 18. Act. n. v. 21.

Le Bien-heureux est Sacré Evesq. de Senés.

J'Ay trouvé mon Serviteur: je l'ay oint de mon huile Sainte: ma main ne l'abandonnera pas, et mon bras tout puissant le fortifiera. Ps. 88.

PRIERE

DIVIN JESUS qui en élevant vôtre humble Serviteur au rang de vos Pontifes, prépariés en sa personne un généreux deffenseur à vôtre Æglise pour le jour du combat, et une puissante consolation dans les maux extrêmes qui l'acablent de toutes parts: daignez animer encore de cet esprit d'amour et de force les Ministres qui la gouvernent: faites qu'ils soient tout a la fois nos pasteurs, nos peres et nos modéles, et que gardant cõme luy, et nous avec eux, jusqu'au dern. soupir de nôtre vie l'excell. dépôt de vos vérités stes, nous méritions aussi de regner avec vous dans tous les S. des Siecles. Ainsi soit-il.

Quel bonheur d'entrer dans une alliance ou Dieu nous donne ce qu'il demande de nous. pr. 7. Heb. 8. v. 7.

Le B.H. offre les S.ts mystéres dans son Eglise.

L'Oblation se présentoit au Seigneur par ses mains devant toute l'Assemblée d'Israël pour honorer l'Oblation du Roy tres haut. Eccli. 50.

PRIERE

O JESUS, *Agneau sans tâche, qui demeurez toujours en état de victime et de sacrifice au milieu de vôtre Eglise, dans le Ciel et sur la terre, pour y être le centre de la religion, et le modéle de la vie de vos membres; unissés nos suplications et nos prieres aux votres: Unissés-les à celle de votre B.H. Pontife; afin que devenus un ordre de S.ts Prêtres pour être associez comme des victimes à vos divines souffrances, nous nous offrions tous les jours en sacrifice à Dieu le Pere avec vous, et par vous qui vivez et regnez dans tous les Siécles des Siécles.*

Ainsi soit-il.

C'est en vain qu'on crie à Dieu: Mon pere; si ce n'est point l'esprit de charité qui prie. Prop. 50. Rom. Ch. 8. v. 25.

Le Bien-heureux annonce la parole de Dieu dans son Diocèze.

IL alloit partout, enseignant et prêchant l'évangile du royaume de Dieu. Matt. ch. 4. Marc. ch. 1.

PRIERE

VOus dites, O JESUS, que la moisson est grande dans vôtre eglise, et v.s voulez qu'on prie le maître de la moisson, d'y envoyer lui-même des ouvriers qui travail.t dans son esprit: l'eglise, S.r obéit à cet ordre par les jeunes et les prieres des 4. tems; mais cõme aujourd'hui son besoin est extrême, et qu'il y a peu d'ouvriers, nous v.s demand.s de lui dõner des Ministres cõme le B.H. Jean, qui soient le fruit, non des brigues humaines, mais des prieres de vôtre Eglise et qui soient pleins de zele et de lumiere, pour nous prêcher vos S.tes verités. Ainsi soit-il.

Quand Dieu n'amollit pas le cœur par sa grace, les exhortations ne servent qu'à l'endurcir davantage. Prop. 5. Rom. 9. v. 18.

Le Bien-heureux rejette la constitution Unig.
et en appelle au Concile général.

SI quel-qu'un vous annonce un Evangile different de celui que vous avez reçu, qu'il soit anathéme; et dites le à l'Eglise. Gal. 1. Matt. 18.

PRIERE

SEIGNEUR JESUS, qui avez dit, que les portes de l'enfer ne prevaudront pas contre vôtre Eglise: daignez n.s rendre favorables les prieres de vôtre S. Pontife qui vous les offre encore p.r elle et p.r n.s. L'ennemi s'efforce depuis long tems de renverser vostre vérité sur la terre; mais donnez n.s côme à vôtre Serv. une fermeté a toute épreuve pour ne n.s pas laisser entraîner par des doctrines étrangeres et nouvelles, faites que n.s trouvions nôtre refuge dans le recours a vôtre Eglise. et que nous ayons part à sa gloire dans l'Eternité bien-heureuse. Ainsi soit-il.

La crainte d'une excommunication injuste ne nous doit jamais empecher de faire nôtre devoir. Propos. 91. Jean 9. v. 22.

Le Bien-heureux jugé et condamné par le brigandage d'Embrun.

MAlheur a vous, rebelles, qui formez des entreprises qui ne viennt point de mon esprit; pour ajouter toujours péché sur péché. Isaie 30. voiés Dan. ch. 13. v. 5.

PRIERE

O DIEU juste juge de tous les hommes, qui avés honoré vôtre St. Pontife Soanen de la gloire d'estre humilié et de souffrir une injuste condamnation pour vôtre vérité anathematisée; prenés-vous même la deffense de sa cause qui est la vôtre: preservés-nous de tout jugement d'iniquité; et tenés nous apliqués à nous juger nous-mêmes d'un jugement de justice qui nous assure un jugement de miséricorde pour le jour redoutable de vôtre vengeance ou vous jugerez les justices mêmes. Ainsi soit-il.

C'est imiter St. Paul que de souffrir en paix l'anathême injuste plutot que de trahir la vérité. Propo. 92. Rom. ch. 9. v. 3.

Le Bien-heureux reçoit une lettre de cachet qui l'exile à la Chaise-dieu.

SAUL qui ne respiroit que menaces et que carnage contre les disciples du Seigneur, demanda des lettres au grand Prêtre pour les amener prisoniers. Act. 9.

PRIERE

C'Est vôtre verité, Divin JESUS, qui a été l'occasion des liens de vôtre S.t Pontife. Associé à vôtre Sacerdoce vous avez voulu qu'il eut aussi les mêmes amis et les mêmes ennemis que vous. que son exemple, Seigneur, anime encore tous ceux de nos freres qui sont en butte comme lui aux ennemis déclarés de vôtre Evangile. faites qu'il nous soutienne aussi nous mêmes si vous nous jugez dignes de souffrir quelque choses pour la gloire de vôtre nom, afin qu'ayant eû part à ses épreuves, nous ayons part à sa récompense. Ainsi soit-il.

L'état d'être persécuté comme un hérétique, est ordinairement la derniere épreuve et la plus méritoire. Prop. 98. Luc 22. v. 37.

Le Bien-heureux arrive au lieu de son éxil.

Moi JEAN, qui suis vôtre frere, et qui ai part a la tribulation au royaume, et a la patience de J.C. j'ai été exilé pour la parole du Seigneur, et p.r le temoignage que j'ai rendu a J.C. Apoc. ch.1.

PRIERE

Helas! SEIGNEUR, que nôtre éxil est long! et quand est ce que n.s quitterons cette vallée de larmes pour aller nous reunir à vous dans nôtre celeste patrie: Soutenez-nous par vôtre grace, et faites que demeurant toujours stables dans l'amour de ces pieux gémissemens, ainsi que l'a été vôtre Bien heureux captif, nous ne nous lassions jamais de faire le bien sur la terre; afin que ne perdant point courage, nous en recueillions le fruit avec lui dans le sejour de vôtre gloire. Ainsi soit-il.

Temps déplorable, ou on croit honorer Dieu en persécutant la vérité et ses disciples! Ce temps est venu. Prop.100. Jean. ch.16. v.2.

Le Bien-heureux distribue de l'argent pour assister les pauvres.

PLein d'intelligence sur le pauvre et l'indigent, il distribuoit de son bien, il nourrissoit ceux qui n'avoient pas de-quoy manger, et il donnoit des habits a ceux qui n'en avoient point. Ps. 40. Tob. 1.

PRIERE

DIVIN JESUS, qui étant riche, vous êtes rendu pauvre pour nous faire devenir riches par vôtre pauvreté; Daignez dans ces jours de calamité vous former des cœurs si détachés des biens perissables de la terre, et si ardens pour les biens ineffables de vôtre grace qu'ils imitent la charité de vôtre Bien-heureux Serviteur, en amassant comme lui par d'abondantes aumones des thrésors éternels dans le sejour de vôtre gloire.

Ainsi soit-il.

Dieu ne récompense que la charité; parce que la charité seule honore Dieu. Proposit. 56. Matt. 25. ver. 36.

Le B. H visite, console et instruit les malades.

SE faisant tout à tous il alloit visiter les affligés, les consoloit, et les instruisoit.
I. Cor. Tob. 1. Matt. 3.

PRIERE

O JESUS, bon Pasteur, et Prince des pasteurs, qui voiés vôtre Eglise affligée, parce que ses amis sont devenus ses ennemis ; Daignez la consoler dans son extréme douleur : donnez-luy des Ministres formés sur le modéle du Bien heureux J. Soanen qui ne cessent comme luy de prier pour les pécheurs, de les chercher, de les instruire et de les relever. donnez-leur a tous des entrailles de pere qui les rendent sensibles aux besoins des brebis, afin qu'aprés les avoir nourries de vôtre divine parole, elles aient en vous la vie, et cette vie surabondante que vous leur avés meritée.

Ainsi soit-il.

Dieu éclaire l'ame et la guérit, aussi bien que le corps par sa seule volonté. Prop. 25. Luc 18. v. 42.

Le B. H. écrivant son Testament Spirituel.

Voici ce que dit le Seigneur donnez ordre aux affaires de votre maison, car vous mourrez. Isaïe 38.

PRIERE

DIVIN JESUS, qui prés de mourir, avez bien voulu expliquer à vôtre Eglise vôtre derniere disposition testamentaire comme un excellent modéle de celle de tous les vrais chretiens; reglez dés-apresent sur vôtre divin exemple toutes nos pensées, nos sentimens, nos paroles, et nos actions ainsi que vous l'avez fait à vôtre serviteur; afin qu'à l'heure de nôtre mort, vous trouviez en nous l'œuvre de nôtre salut pleinemt. achevée par cette vie de foi que vous y voulez trouver, et qui seule peut nous faire passer à celle de la gloire. Ainsi soit il.

Que peut on être autre chose que ténébres et que peché, sans foy, sans Jesus-Christ et sans charité. Prop. 48. Eph. v. 8.

Le Bien H. reçoit les derniers Sacremens

ETant malade il appelle les prêtres de l'Eglise; afin qu'ils le remplissent de joie dans sa douleur; qu'ils engraist son ame du pain de vie, et qu'ils prient sur lui loignant d'huile au nom du Seigneur. Zach. 3. Jerem. 31. Jacq. 6.

PRIERE

O JESUS Evêque et pasteur de nos ames, qui prevenez de vos bénédictions les plus abondantes ceux qui vous demeurent fidelles au temps de l'epreuve; aimez-nous jusqu'à la fin comme vous avez aimé le Bienheureux Jean. Vous l'avez soutenu dans un long et penible combat; et muni des Sacremens, vous le tirez de son éxil pour lui donner une place dans vôtre royaume. O bonté infinie, pere du Siécle futur, daignez nous accorder aussi cette même grace a l'heure de nôtre mort; et afin que nous la meritions, faites-nous perseverer comme lui, et jusqu'au dernier soupir de nôtre vie dans l'amour et la confession des verités qu'il a soutenues.

Ainsi soit-il.

Tous les moyens de salut sont renfermés dans la foi accompagnée d'amour et de confiance. Prop. 52. Act. 10. ver. 43.

Mort du Bien-heureux.

IL est mort dans une heureuse vieillesse, et dans un âge tres avancé, étant parvenu a la plenitude de ses jours, et rempli de bonnes œuvres. Gen. 25. Act. 15.

PRIERE

VOus l'avez dit, ô mon Dieu, que la mort des Saints est précieuse à vos yeux; et c'est pourquoy nous honnorons celle du bien-heureux Jean vôtre captif, comme un froment separé de la paille, que vous avez porté dans vos greniers celestes, après l'avoir foulé et battu icy bas dans l'aire de la persécution. Helas, Seigneur! si p.r mourir comme luy, il faut nous y preparer comme luy, daignez par son intercession nous animer de sa foy; Daignez par vôtre grace nous soutenir dans toutes nos épreuves, afin que par une vie remplie de bonnes œuvres, et terminée par une victoire complete, nous méritions d'être couronnez de vôtre gloire dans tous les Siécles des Siécles.

Ainsi soit-il.

La Foy, l'usage, l'accroissem.t et la recompense de la foy: tout est un don de vôtre pure liberalité. Prop. 69. Marc ch. 9. v. 22.

Convoy et Enterrement du Bien-heureux .

DEs hômes qui craignoient Dieu prirent soin d'ensevelir Estienne, et firent ses funerailles avec un grand deuil. Que ses os refleurissent dans son tombeau, car ils ont fortifié Jacob. Act. 8. Eccli. 49.

PRIERE

PRosternés en esprit de foi, ô mon Dieu, auprés du tombeau glorieux de vôtre fidéle Serviteur, nous vous demandons par les mérites de ses liens, que nôtre conversion soit le fruit des prieres que nous vous adressons en son honneur: Daignez Seigneur, pour vôtre gloire et pour la consolation de vôtre Eglise affligée, operer sur nos cœurs cette merveille de vôtre miséricorde toute puissante; Daignez aussi l'étendre sur tous les ennemis de vôtre nom; afin que sortant de leur aveuglement, ils reconnoissent la lumiere, et retournent a l'unité de vôtre verité par Jesus Christ Nôtre Seigneur.

Ainsi soit il.

L'Eglise, ou le Christ entier a pour chef le verbe incarné, et pour membres tous les St.
Prop. 74. I. Tim. 3. ver. 16.

www.ingramcontent.com/pod-product-compliance
Lightning Source LLC
LaVergne TN
LVHW052012160826
845678LV00003B/1029

* 9 7 8 2 3 2 9 6 5 5 6 6 6 *